Empathie lernen

Die Kunst, sich in andere Menschen einzufühlen

J. M. Moser

Empathie lernen –
Die Kunst sich in andere Menschen einzufühlen

Inhaltsverzeichnis

Das erwartet Sie in diesem Buch

Haben Sie sich schon einmal dabei ertappt, wie Sie über andere Menschen geurteilt haben? Waren Sie schon einmal böse auf eine Person, ohne sich Gedanken darüber zu machen, weshalb diese so gehandelt hat, wie sie gehandelt hat? Haben Sie schon einmal etwas Verletzendes zu jemandem gesagt, ohne Ihre Worte vor dem Aussprechen zu hinterfragen? Haben Sie sich schon einmal über Ihr eigenes Verhalten geärgert, aber nicht nachgeforscht, wie dieses Verhalten überhaupt zustande kam?
Ich bin mir ziemlich sicher, dass Sie mindestens eine dieser Fragen mit „ja" beantworten werden. Es ist sogar sehr wahrscheinlich, dass Sie jede der oben gestellten Fragen bejahen können. Das liegt nicht daran, dass Sie ein schlechter Mensch sind und anderen, genauso wie sich selbst, etwas Böses wünschen. Ich denke, dass die wenigsten Menschen es schaffen würden, alle Fragen zu verneinen. Es ist vollkommen normal, dass jeder von uns hin und wieder in solche oder ähnliche Situationen gerät.

Das Gute jedoch ist, dass wir immer etwas an unserem Verhalten und an unserer Einstellung anderen Menschen gegenüber ändern können. Es liegt also in Ihrer Hand, ob Sie einen Menschen für seine Fehler verurteilen oder lernen, ihn zu verstehen und sich fragen, ob Sie das, was Sie denken, immer direkt sagen oder sich fragen, ob Ihre Worte für das Gegenüber verletzend sein könnten. Auch, ob Sie sich selbst gegenüber Mitgefühl zeigen und Ihr eigenes Handeln nachvollziehen können, liegt einzig und allein in Ihrer Hand. Der Schlüssel dafür heißt „Empathie" und wie Sie diese lernen können, erfahren Sie in diesem Ratgeber.

Ein kleiner Überblick zu Beginn

Bevor Sie damit beginnen können, Empathie in Ihren Alltag zu integrieren und zu üben, mitfühlender zu werden, sollten Sie zunächst erfahren, was genau Empathie überhaupt ist.
Natürlich werden Ihnen der Begriff und die Bedeutung dieses Wortes bekannt sein.
Wenn Sie jemand fragen würde, was Empathie ist, würden Sie wahrscheinlich antworten, Empathie ist ein Synonym für Mitgefühl.
Das stimmt zwar, diese Erklärung reicht jedoch nicht aus, um zu verstehen, wie Empathie funktioniert, welche verschiedenen Arten von Empathie es gibt und was es wirklich bedeutet, mitfühlend zu sein.
Starten wir deswegen erst einmal mit der Definition von Empathie. Was ist Empathie und wofür brauchen wir sie?

Was bedeutet Empathie?

Empathie ist die Fähigkeit, die Emotionen seines Gegenübers ebenfalls zu fühlen. Daher kommt auch das Wort „Mitgefühl". Man fühlt wortwörtlich das, was der andere gerade fühlt.

Das hilft einem unglaublich dabei, die andere Person zu verstehen. Denn um jemanden wirklich zu verstehen, benötigen Sie viel mehr, als nur Ihren Verstand. Menschen sind nunmal keine Gegenstände, sondern fühlende Lebewesen.

Sie können noch so intelligent sein: wenn Sie nicht empathisch sind, dann werden Sie Ihr Gegenüber niemals verstehen können.

Wie soll jemand, der noch nie einen geliebten Menschen verloren hat und nicht über die Fähigkeit der Empathie verfügt, verstehen, wieso sein Gegenüber deshalb am Boden zerstört ist? Das ist fast unmöglich. So eine Person wird höchstens erahnen können, wieso es der anderen Person so schlecht geht. Sie wird den Grund zwar kennen, diesen aber nicht nachvollziehen können.

Leider verliert der moderne Mensch die Fähigkeit, empathisch zu sein, immer mehr.

Das liegt daran, dass unser Wert heutzutage viel mehr daran gemessen wird, wie intelligent wir sind und wie gut wir unseren Verstand einsetzen können, anstatt daran, wie mitfühlend wir sind.

Zu starkes Mitgefühl wird sogar oft eher als Schwäche gesehen und nicht als Stärke. Jeder will zeigen, wie kalt ihn alle möglichen Dinge lassen und wie resistent er ist. Und so baut sich unbewusst eine immer größere und festere Mauer um unsere Emotionen auf.

Wir werden nach und nach zu kaltherzigen Wesen, die nicht mehr dazu in der Lage sind, sich in andere Menschen hineinzuversetzen und das zu fühlen, was sie fühlen.

Niemand will die Trauer fühlen, die ein anderer Mensch fühlt,
Niemand will den Schmerz spüren, den sein Gegenüber gerade durchlebt.

Leider gibt es aber keinen Filter, der bestimmt, welche Emotionen wir an uns heranlassen können und welche nicht. Wenn wir eine Mauer aufbauen, um uns vor negativen Emotionen anderer Menschen zu schützen, dann hält diese Mauer auch alle positiven Emotionen zurück.

Das führt dazu, dass Sie nicht nur Trauer, Leid und Schmerz Ihrer Mitmenschen nicht nachempfinden können, sondern auch Freude, Glück und gute Laune.

Dabei sind Emotionen und Empathie doch genau das, was uns von Robotern unterscheidet. Menschliche Intelligenz lässt sich durch Künstliche ersetzen. Wenn es aber um Empathie geht, gestaltet sich das Ganze schon etwas schwieriger.

Da Empathie also das ist, was uns ausmacht, ist es unglaublich wichtig, diese stets beizubehalten und sie wiederzuerlangen, falls Sie verlernt haben, empathisch zu sein. Denn Empathie sorgt dafür, dass wir miteinander klarkommen und uns aufeinander verlassen können.

Wäre jeder Mensch auf dieser Welt höchstempathisch, bestünde kein Grund mehr für Kriege und jeder würde in Frieden leben.

Leider können weder ich noch Sie zaubern und jedem Menschen Empathie schenken. Was Sie aber machen können, ist an sich arbeiten und Ihr Mitgefühl verbessern, um so sich selbst und Ihren Mitmenschen zu helfen.

Übung: Beobachtung der eigenen Wahrnehmung. Wie empathisch bin ich?

Vielleicht wissen Sie ja noch gar nicht, wie empathisch Sie tatsächlich sind. Das ist auch gar nicht so leicht einzuschätzen.

Die wenigsten Menschen würden von sich selbst behaupten, sie seien nicht empathisch. Wenn man dann aber genauer hinsieht, merkt man schnell, wie weit das eigene Mitgefühl tatsächlich reicht.

Nehmen Sie sich einen Moment Zeit und setzen oder legen Sie sich gemütlich hin.

Schließen Sie Ihre Augen. Denken Sie nun an einen geliebten Menschen. Ist diesem Menschen in letzter Zeit etwas Positives oder Negatives widerfahren? Wie hat dieser Mensch auf die jeweilige Situation reagiert? War er wütend, traurig, glücklich, beruhigt oder gestresst? Wenn Sie an die Reaktion dieses geliebten Menschen denken, fühlen Sie dann die gleichen Emotionen?

Spüren Sie, wie sich auch in Ihnen ein Gefühl von Wut, Trauer, Glück, Beruhigung oder Stress ausbreitet oder lässt Sie die Situation völlig kalt?

Sobald Sie das festgestellt haben, gehen Sie einen Schritt weiter und denken an einen entfernten Verwandten. Gab es in seinem Leben in letzter Zeit ebenfalls eine Situation, die ihn total aus der Bahn geworfen hat? Fühlen Sie mit oder fühlen Sie nicht mit?

Gehen Sie immer einen Schritt weiter. Denken Sie als nächstes an etwas, das jemandem passiert ist, den Sie kaum kennen und anschließend an etwas, das jemandem passiert ist, den Sie gar nicht kennen. Wurde in den Nachrichten vielleicht neulich über einen besonders positiven oder besonders negativen Vorfall berichtet? Wie fühlen Sie sich, wenn Sie an die Menschen denken, die diesen Vorfall erlebt haben? Spüren Sie Mitgefühl?

Je unpersönlicher Ihre Beziehung zu den jeweiligen Menschen ist, desto wahrscheinlicher ist es, dass Ihr Mitgefühl immer weiter sinkt. Während Sie an Ihren Partner oder Ihre besten Freunde denken, werden Sie höchstwahrscheinlich tiefes Mitgefühl empfinden. Bei Ihren entfernten Verwandten wird Ihre Empathie nachlassen, bei Menschen, die Sie überhaupt nicht kennen, fällt das Mitgefühl noch geringer aus.

Wenn Sie auch bei fremden Menschen tiefes Mitgefühl empfinden, dann sind Sie auf dem besten Weg. In diesem Fall können Sie sogar noch einen Schritt weitergehen. Was empfinden Sie, wenn Sie an eine Person denken, die Sie überhaupt nicht leiden können? Wünschen Sie ihr alles Gute für die Zukunft? Tut sie Ihnen leid, falls sie momentan eine schwere Phase durchmacht?
Falls diese Dinge auf Sie zutreffen sollten, dann sind Sie ein wahrer Empathie-Profi. Für seinen „Feind" Empathie zu empfinden, ist nämlich der größte Meilenstein.

Wenn Sie jedoch bereits bei den Menschen, die Ihnen am wichtigsten sind, merken dass Sie sich nicht wirklich gut in diese hineinversetzen und nicht mit Ihnen mitfühlen können, dann haben Sie noch einen langen Weg vor sich.

Aber keine Sorge: Diesen müssen Sie nicht allein gehen. Dafür haben Sie ja schließlich diesen Ratgeber.

Empathie lernen

Wie ging es Ihnen mit der Übung?
Was nehmen Sie aus diesem Kapitel mit?
Hier ist Platz für Gedanken/Notizen

....

....

....

....

....

....

....

....

....

....

....

    Die Kunst, sich in andere Menschen hineinzufühlen

Wofür braucht man Empathie?

Was Empathie genau ist und wie Sie herausfinden können, ob Sie sehr oder eher weniger empathisch sind, wissen Sie ja nun. Da man ja immer alles hinterfragen soll, sind natürlich auch die Fragen, ob man Empathie überhaupt benötigt und wenn ja, wofür, durchaus berechtigt.

Lohnt sich die ganze Übung, um mitfühlender zu werden, oder bringt es vielleicht sogar mehr Nachteile als Vorteile mit sich, wenn man empathisch ist?

Wie bei so ziemlich jedem Thema bringt natürlich auch die Empathie Vor- und Nachteile mit sich. Einige Vorteile habe ich Ihnen ja bereits genannt. Sie lernen, Ihre Mitmenschen besser zu verstehen, indem Sie mit Ihnen mitfühlen. Sie schaffen es, sich leichter in andere hineinzuversetzen. Wenn Sie nachvollziehen können, wie sich Ihr Gegenüber fühlt, dann können Sie ihm automatisch viel besser helfen

Durch gegenseitiges Mitgefühl entsteht weniger Streit, da jeder Beteiligte versteht, wieso der andere so gehandelt hat, wie er gehandelt hat. Missverständnisse werden seltener. Auch wenn ich Ihnen im letzten Kapitel erklärt habe, wie wichtig Intelligenz im Vergleich zu Mitgefühl in unserer heutigen Gesellschaft ist, merkt man im echten Leben schnell, worauf es wirklich ankommt.

Wer empathisch ist, kommt bei seinen Mitmenschen gut an und gewinnt viele Freunde.

Wer will schon einen super intelligenten Freund, wenn dieser einen ständig verletzt und niemals Mitgefühl zeigt? Dabei ist Empathie nicht einfach nur Empathie. Es gibt nämlich verschiedene Arten, auf die Sie mitfühlend sein können.

Das Ganze lässt sich zum Beispiel in emotionale, mentale und soziale Empathie aufteilen. Wenn Sie emotional empathisch sind, dann können Sie die Gefühle des anderen wortwörtlich fühlen. Sie wissen genau, wie es Ihrem Gegenüber geht und können Verständnis dafür aufbringen.

Bei der *mentalen Empathie* bilden Sie Zusammenhänge zwischen den Emotionen und dem Verhalten Ihres Gegenübers. Sie wundern sich nicht darüber, wenn jemand einen roten Kopf bekommt, mit seinen Armen wild gestikuliert und immer lauter wird.

Sie können nachvollziehen, dass dieses Verhalten aufgrund von Wut entsteht und fragen sich nicht, was denn mit dieser Person los ist.

Die *soziale Empathie* hilft Ihnen dabei, die großen Zusammenhänge zu verstehen. Sie können nachempfinden, wieso sich eine bestimmte Gruppe diskriminiert fühlt, traurig ist oder auf eine bestimmte Art und Weise handelt. Sie erkennen somit auch die Probleme, die in einer Gesellschaft herrschen und die nicht nur einzelne Menschen, sondern ganze Gruppen betreffen.

Empathie kann Ihnen also in vielen verschiedenen Bereichen helfen. Egal, ob Sie einen Menschen verstehen und für ihn da sein wollen, sein Verhalten zuordnen möchten oder große Zusammenhänge nachvollziehen wollen: mit ausreichend Empathie können Sie all das schaffen.

Wie bereits erwähnt, gibt es bei jedem Thema immer auch Nachteile. Der Nachteil von Empathie ist, dass Sie sich öffnen und auf verschiedene Gefühle einlassen müssen. Dieser Nachteil lässt sich jedoch direkt wieder ins Positive umschlagen, so dass er gar kein Nachteil mehr ist.
Sich zu öffnen und seine Gefühle zuzulassen, bedeutet gleichzeitig auch, endlich anzufangen, wirklich zu leben. Denn wie lebenswert ist ein Leben, in dem Sie sich vor jeglichen Emotionen schützen?

Jede Wut, Trauer und Verzweiflung ist immer noch besser, als gar keine Emotion.

Es ist also in jedem Fall die richtige Entscheidung, sich für Empathie und gegen die große, kalte Gefühlsmauer zu entscheiden. Natürlich wird diese Mauer nicht von jetzt auf gleich in sich zusammenfallen und alle Emotionen rein- und rauslassen, die Ihnen über den Weg laufen. Die Entscheidung für ein gefühlvolleres und empathischeres Leben ist aber der erste und wichtigste Schritt zum Ziel.

Übung: Gefühle bewusst zulassen

Wenn es Ihnen bei der letzten Übung nicht gelungen ist, sich in die Menschen, an die Sie gedacht haben, hineinzuversetzen und Mitgefühl für sie aufzubringen (nicht einmal bei den Menschen, die Ihnen am wichtigsten sind), dann bedeutet das nicht, dass Sie ein schlechter Mensch sind, dem Familie und Freunde egal sind.

Fehlende Empathie liegt oft an der erwähnten Mauer, die eigentlich zum Selbstschutz dient, die Sie aber in Wirklichkeit davon abhält, Ihr Leben so richtig zu leben.

Sie wurden bestimmt schon einmal in Ihrem Leben enttäuscht, verletzt oder sind mit einem gebrochenen Herzen davongekommen. Während manche Menschen solche Ereignisse dazu nutzen, daran zu wachsen, um das nächste Mal stärker zu sein, verschließen sich andere komplett und lassen weder Ihre eigenen Gefühle zu, noch lassen Sie fremde Gefühle an sich heran. Anfangs fühlt sich das vielleicht gut und sicher an, mit der Zeit wird es aber ziemlich langweilig, so ganz ohne Gefühle. Diese Mauer zu durchbrechen ist zwar nicht leicht, aber nicht unmöglich.

Nehmen Sie sich von nun an vor, sich jeden Morgen nach dem Aufstehen oder jeden Abend vor dem Schlafengehen darauf zu konzentrieren, was Sie fühlen.
Hören Sie in sich hinein. Spüren Sie Freude, Erschöpfung, Trauer oder Angst? Urteilen Sie nicht über das Gefühl und versuchen Sie nicht, es zu verändern. Nehmen Sie es einfach wahr. Wenn Sie dagegen ankämpfen, werden Sie es nicht schaffen, Ihre Mauer zu durchbrechen. Falls Sie Angst davor haben, wieder etwas zu fühlen, dann erinnern Sie sich jedes Mal aufs Neue daran, dass das nur Gefühle sind und keine Tatsachen. Sie können genauso schnell wieder verschwinden, wie Sie gekommen sind und tun Ihrem Körper nichts zuleide.

Anfangs wird es Ihnen sehr wahrscheinlich schwerfallen, Ihre Gefühle zuzulassen und außerdem nicht über diese zu urteilen oder sie verändern zu wollen. Mit der Zeit wird Ihnen diese Übung jedoch immer einfacher fallen und Sie werden feststellen, dass es überhaupt nicht schlimm ist, diese Gefühle zuzulassen. Ganz im Gegenteil, sie werden sich sogar von Tag zu Tag immer besser anfühlen. Erst wenn Sie es geschafft haben, Ihre eigenen Gefühle wahrzunehmen und zu fühlen, werden Sie es auch schaffen, die Gefühle anderer wahrzunehmen und zu fühlen und Empathie für diese Menschen zu empfinden.

Wie ging es Ihnen mit der Übung?
Was nehmen Sie aus diesem Kapitel mit?
Hier ist Platz für Gedanken/Notizen

....

....

....

....

....

....

....

....

....

....

....

Die Welt der Emotionen

In den nächsten zwei Kapiteln werden wir uns die verschiedenen Emotionen und Arten von Emotionen einmal genauer anschauen. Wer empathisch werden will, der muss sich in der Welt der Emotionen auskennen und diese richtig deuten und einordnen können. Dabei ist es wichtig, bei sich selbst anzufangen und die eigenen Emotionen zu beobachten. Wie wollen Sie verstehen können, wie sich ein anderer Mensch fühlt, wenn Sie gar nicht wissen, was Sie selber fühlen? Das funktioniert so leider nicht.

Deswegen ist es wichtig, sich mit den verschiedensten Emotionen auseinanderzusetzen, um ein besseres Gespür für sie zu bekommen. Je besser Sie Ihre Emotionskenntnisse trainieren, desto leichter wird es Ihnen fallen, mitfühlender zu werden.

Welche Emotionen gibt es?

Diese Frage ist gar nicht so einfach zu beantworten. Aber vielleicht muss sie auch gar nicht beantwortet werden. Es gibt nämlich so viele Emotionen, dass es so gut wie unmöglich wäre, sie alle auf Papier zu bringen. Allein schon die ganzen großen Emotionen, die uns tagtäglich durch unser Leben begleiten, passen ganz sicher nicht auf eine einzige Seite.
Diese großen Emotionen sind außerdem meist nur Oberbegriffe für viele weitere Gefühle. Angst ist zum Beispiel nicht einfach nur Angst. Jeder Mensch empfindet Angst auf seine individuelle Art und Weise. So lassen sich dem Oberbegriff „Angst" viele Unterbegriffe zuordnen. Dazu gehören beispielsweise Misstrauen, Hilflosigkeit, Vorsicht, Sorge oder Panik.
Zu alledem kommt außerdem noch hinzu, dass es ja auch Emotionen gibt, die man nicht so einfach benennen kann. Auch Sie haben bestimmt schon einmal ein Gefühl erlebt, dass Sie nicht so richtig beschreiben und zuordnen konnten.

Neben den „Hauptemotionen", die jeder Mensch kennt, gibt es eben auch noch individuelle Emotionen, die der eine Mensch vielleicht fühlt, während der andere hingegen keinen blassen Schimmer hat, was er damit anfangen soll.
Eine Liste mit allen Emotionen, die es auf dieser Welt gibt, zu verfassen, wäre also nicht möglich. Da der Mensch jedoch nur schwer damit umgehen kann, wenn etwas undefiniert oder unendlich bleibt, ist es trotzdem einfacher, zumindest die Emotionen, die uns bekannt sind, in Kategorien zu unterteilen.

Dabei könnte man zum Beispiel zwischen positiven, negativen und neutralen Emotionen unterscheiden, wobei das Wort „negativ" relativ zu betrachten ist. Nehmen wir wieder das Beispiel mit der Angst: Angst fällt zwar in die Kategorie der negativen Emotionen, sie hat aber dennoch einen positiven Effekt, da sie uns vor gefährlichen Situationen beschützen kann.
Trauer zählt auch zu den negativen Emotionen, hat aber ebenfalls einen positiven Effekt. Wer zum Beispiel noch nie traurig war, wird gar nicht wirklich wissen, wie es sich anfühlt, so richtig glücklich zu sein. Das positive Gefühl von Glück steht so nämlich in keinem Kontrast zu dem negativen Gefühl von Trauer. Somit bleibt Glück ein neutrales Gefühl.

Um das Ganze nochmal zusammenzufassen: Es gibt unzählige Emotionen. Viele davon kennt jeder Mensch und kann sie benennen, viele sind aber auch individuell und für andere Menschen, die solche Gefühle noch nie hatten, schwierig zu beschreiben. Um die Welt der Emotionen etwas übersichtlicher darzustellen, lassen sich Emotionen in positive, negative und neutrale Gefühle unterteilen. Dabei sind alle Kategorien sehr wichtig. Denn nur im Vergleich zu einem negativen Gefühl, kann ein anderes Gefühl positiv erscheinen. Ansonsten ist es nämlich einfach nur neutral.

Übung: Emotionen gezielt hervorrufen

Bei der letzten Übung ging es darum, dass Sie regelmäßig in sich hineinhören, um festzustellen, was Sie in dem jeweiligen Moment fühlen. Nun können Sie einen Schritt weiter gehen.
Bei dieser Übung beobachten Sie nämlich nicht einfach nur Ihre aktuellen Emotionen, sondern versuchen, neue hervorzurufen. Diese Übung hilft Ihnen dabei, zu beobachten, wie Sie auf welche Emotion reagieren. Sie können verschiedene Emotionen miteinander vergleichen und sich so besser kennenlernen.

Wenn Sie im Alltag wütend, traurig oder fröhlich sind, nehmen Sie diese Emotionen sehr wahrscheinlich nicht bewusst wahr. Sie wissen zwar, dass sie da sind, beobachten diese aber nicht und achten nicht darauf, wie sich diese Emotionen auf Ihr Verhalten auswirken.

Nehmen Sie sich also einen Moment Zeit, schließen Sie Ihre Augen und denken Sie zum Beispiel an eine Person oder eine Situation, die Sie so richtig wütend macht. Versuchen Sie weder, die Wut zu verdrängen, noch sich in ihr zu verlieren. Beobachten Sie sie einfach, ohne zu urteilen. Wie reagiert Ihr Körper auf diese Emotion? Spüren Sie, wie Ihr Körper pulsiert, Sie Ihre Augenbrauen zusammenziehen und Ihr Herz immer schneller rast? Wird Ihr Atem kürzer und flacher und ballen Sie Ihre Hände zu Fäusten?
Was passiert mit Ihrem Körper, wenn Sie an eine traurige Situation denken und was, wenn es sich um eine schöne Situation handelt? Beobachten Sie Ihre Reaktionen und lernen Sie, sich und Ihre Antwort auf die verschiedensten Emotionen besser kennen. Gibt es Verhaltensweisen, die Sie gerne ändern würden?

**Wie ging es Ihnen mit der Übung?
Was nehmen Sie aus diesem Kapitel mit?
Hier ist Platz für Gedanken/Notizen**

....

....

....

....

....

....

....

....

....

....

....

Wofür sind Emotionen gut?

Sie waren bestimmt schon oft in Ihrem Leben in einer Situation, in der Sie sich über eine bestimmte Emotion aufgeregt haben. Vielleicht haben Sie sich für etwas geschämt und wollten nichts anderes, als diese Scham endlich loszuwerden. Vielleicht waren Sie wütend und ärgerten sich darüber, dass Sie diese eine Sache so wütend macht, wodurch Sie dann nur noch wütender wurden. Vielleicht haben Sie sich über etwas gefreut, dabei aber direkt ein schlechtes Gewissen bekommen, weil es einem Ihrer geliebten Menschen zu der Zeit nicht gut ging und Sie es als falsch und gefühlskalt empfunden haben, Freude zu verspüren. Selbst wenn diese Freude überhaupt nichts mit der traurigen Situation zu tun hatte.

Es passiert nicht selten, dass uns unsere Gefühle auf irgendeine Art und Weise stören und wir sie am liebsten loswerden würden, um einen klaren Kopf zu bewahren. Was jedoch selten passiert, ist dass wir darüber nachdenken, wieso wir überhaupt Emotionen haben und diese Gründe wertschätzen. Der Mensch verfügt schließlich nicht umsonst über die Fähigkeit, zu fühlen. Ansonsten wäre das nämlich ein sehr großer Fehler der Evolution.

Stellen Sie sich vor, Sie wären vollkommen emotionsfrei. Sie könnten nicht trauern, wenn etwas Schlimmes passiert, Sie könnten nicht glücklich sein, wenn Ihnen etwas Schönes widerfährt und Sie könnten nicht lieben.

Emotionen sind das, was uns Menschen ausmacht. Sie sind der Antrieb unseres Lebens.

Alles, was wir im Leben machen, tun wir nur, um daraus letztendlich ein bestimmtes Gefühl hervorzurufen. Wir arbeiten, um Geld zu verdienen und uns das Leben leisten zu können, das wir uns wünschen. Wir wollen das Gefühl von Glück und Freude spüren. Wir helfen anderen Menschen, weil uns das ein gutes Gefühl gibt. Wir pflegen Beziehungen, weil wir lieben und geliebt werden wollen.
Ohne Emotionen wären zwischenmenschliche Beziehungen gar nicht möglich. Diese beruhen nämlich auf Fürsorge und Mitgefühl. Ohne Emotionen wäre uns das Gegenüber immer egal. Es gäbe gar keinen Grund, überhaupt eine Beziehung aufzubauen.

Auch vernünftige Entscheidungen zu treffen, wäre ohne unsere Emotionen gar nicht möglich. Das mag im ersten Moment eher widersprüchlich klingen, da wir fälschlicherweise häufig denken, unsere Emotionen stünden uns bei rationalen Entscheidungen im Weg, das ist aber nicht der Fall. Wenn Sie nicht spüren könnten, welcher Weg für Sie der richtige ist und Ihr Bauchgefühl Ihnen nicht dabei helfen würde, herauszufinden, mit welcher Option Sie glücklicher wären, woher würden Sie dann wissen, wie Sie sich entscheiden sollten?
Denn auch das Ziel einer Entscheidung ist in den meisten Fällen eine bestimmte Emotion. Häufig geht es darum, abzuwägen, was einen glücklicher machen würde. Wenn Sie jedoch emotionslos wären und gar nicht wissen würden, was Glück überhaupt ist und wie es sich anfühlt, aufgrund welcher Kriterien könnten Sie dann eine Entscheidung treffen?

Sie sehen also, dass Emotionen zwar manchmal ziemlich nervig sein können und man ab und an gerne auf sie verzichten würde, sie sind letztendlich jedoch das, was uns ausmacht. Ohne Emotionen wären wir quasi Roboter. Umso wichtiger ist es daher auch, zu lernen, mit seinen Emotionen richtig umzugehen. Denn je besser Sie das schaffen, desto mehr Vorteile bringen Ihnen Ihre Emotionen auch.

Der erste Schritt zum richtigen Umgang mit Ihren Emotionen ist es, diese auch als solche zu erkennen. Wir machen oft den Fehler, unsere Emotionen mit Tatsachen zu verwechseln. Wenn uns jemand oder etwas aufregt, dann *sind* wir nicht wütend, sondern wir *fühlen* uns nur wütend. Es ist ein ganz normales Gefühl, das kommt und geht wie jedes andere. Wir dürfen nicht den Fehler machen, uns mit diesen Gefühlen zu identifizieren und uns zu sehr in eine Emotion hineinzusteigern. Wenn wir das schaffen, lernen wir, mit unseren Emotionen gelassener umzugehen und sie nicht als Fluch, sondern als Segen zu betrachten.

Die Übungen aus den letzten Kapiteln haben Ihnen hoffentlich bereits dabei geholfen. In der folgenden Übung geht es darum, das Gelernte aus den letzten Übungen im echten Leben anzuwenden.

Übung: Achtsamkeit lernen und die eigenen Emotionen akzeptieren

Diese Übung machen Sie nicht wie die letzten Übungen, innerhalb Ihrer sicheren vier Wände, sondern sozusagen im wahren Leben.

Es geht nun darum, sich nicht mehr über ein bestimmtes Gefühl zu ärgern, wie ich es am Anfang dieses Kapitels beschrieben habe. Es geht darum, zu lernen, lockerer mit seinen Emotionen umzugehen, festzustellen, wofür sie gut und hilfreich sein können und die eigenen Gefühle zu akzeptieren.

Nehmen Sie sich vor, das nächste Mal, wenn Sie in irgendeiner Situation sehr emotional reagieren, dieses Verhalten und somit auch Ihre Gefühle, bewusst wahrzunehmen. Am besten erkläre ich Ihnen diese Übung einfach anhand eines Beispiels. Stellen Sie sich folgendes Szenario vor:
Sie gehen wie jeden Tag zur Arbeit, mit der Ausnahme, dass Sie heute etwas später dran sind. Sie haben Ihren Wecker überhört und aus diesem Grund verschlafen. Noch dazu kam der nächste Bus etwas zu spät. Ihre Laune ist dementsprechend nicht so gut. Auf der Arbeit angekommen, müssen Sie dann den genervten Blick Ihrer Kollegin ertragen, die sowieso schon immer irgendein Problem mit Ihnen hatte. Ihre Laune sinkt immer weiter in den Keller. Als diese Kollegin dann auch noch einen blöden Kommentar abgibt, werden Sie so richtig wütend.

Sie haben nun zwei Optionen: Entweder Sie sehen Ihre Wut als eine Tatsache und *werden* wütend oder Sie führen sich vor Augen, dass Sie nicht wütend *sind*, sondern die Wut nur eine Emotion ist, die Sie *fühlen*.

Wenn Sie sich für die erste Option entscheiden, dann geben Sie Ihre Kontrolle an die Emotion „Wut" ab, so dass sie Sie beherrscht. Sie werden wahrscheinlich anfangen, Ihrer Kollegin eine Standpauke zu halten, Ihre Hände zu Fäusten ballen und am liebsten gegen eine Wand schlagen wollen. Außerdem werden Sie sich zusätzlich darüber aufregen, dass Sie wütend sind und dadurch noch wütender werden.

Wenn Sie sich jedoch für die zweite Option entscheiden, dann werden Sie in sich hineinhören und beobachten, was in Ihnen vor sich geht. Genauso, wie Sie es bei den vorherigen Übungen auch schon gemacht haben.

Wie fühlt sich die Wut an? Spüren Sie ein Stechen in der Brust oder vielleicht ein Brennen im Bauch? Spannt sich Ihr Kiefer an? Was genau macht Sie wütend? Wenn Sie in sich hineinhören und die Wut *fühlen*, anstatt wütend zu *werden*, dann werden Sie bald schon merken, wie sich diese Wut nach und nach zurückziehen wird.

Gehen Sie von nun an achtsam mit Ihren Gefühlen um und schenken Sie ihnen Ihre Aufmerksamkeit, anstatt sich von ihnen kontrollieren zu lassen. Akzeptieren Sie das, was Sie fühlen und verteufeln Sie es nicht. Erst wenn Sie gelernt haben, Ihre eigenen Emotionen zu akzeptieren, werden Sie es auch schaffen, die Gefühle anderer Menschen zu akzeptieren und empathischer zu werden.

Wie ging es Ihnen mit der Übung?
Was nehmen Sie aus diesem Kapitel mit?
Hier ist Platz für Gedanken/Notizen

....

....

....

....

....

....

....

....

....

....

....

     Die Kunst, sich in andere Menschen hineinzufühlen

Die Macht der Körpersprache

Zu lernen, empathischer zu werden, ist gar nicht so einfach und bedarf ausreichend Übung. Es gibt natürlich trotzdem den einen oder anderen Trick, der Ihnen auf dem Weg zu mehr Empathie in Ihrem Leben helfen kann.

Dazu gehört zum Beispiel die Körpersprache des Menschen. Ihr Ziel ist es ja, zu fühlen, was Ihr Gegenüber fühlt. Wenn Sie jedoch einfach noch nicht so weit sind, dass Sie das schaffen, dann können Sie die Emotionen Ihres Gegenübers auch anhand seiner Körpersprache und anhand seines Verhaltens deuten.

Das ist um einiges einfacher, als zu versuchen, das zu fühlen, was der andere fühlt, um ihn besser verstehen zu können. Daher eignet sich diese Methode ideal als Einstieg, wenn es darum geht, zu lernen, empathischer zu werden. Gerade für eher rational-denkende und nicht emotional-denkende Menschen ist diese Methode perfekt.

Denn wenn es darum geht, die Gefühlslage eines Menschen anhand seiner Körperhaltung zu deuten, dann basiert diese Deutung auf Fakten und hat in erster Linie erst einmal nichts mit Mitgefühl zu tun.

Sie müssen sich lediglich merken, welche Körperhaltung welche Emotion ausdrückt und schon können Sie sehr gut einschätzen, wie es jemandem in etwa geht. Nach und nach werden Sie nicht mehr gezielt darauf achten müssen, wie sich jemand verhält oder welche Körperhaltung diese Person einnimmt. Sie werden immer leichter und besser fühlen können, wie es Ihrem Gegenüber geht und welche Emotionen gerade bei ihm am meisten präsent sind.

Welche Körperhaltung oder Reaktion zeigt welche Emotion?

Um eine Person und Ihre Emotionen besser deuten zu können, damit Sie nach und nach immer empathischer werden können, sollten Sie sich gut einprägen, welche Körperhaltung welche Gefühle symbolisiert.

Die Mimik, die Gestik und das gesamte Auftreten spielen dabei eine entscheidende Rolle. Im Prinzip wissen wir das unterbewusst schon, nur achten wir in unserem Alltag nicht ausreichend darauf. Wir wissen zum Beispiel, dass ein trüber, starrer Blick, ein Anzeichen dafür sein könnte, dass eine Person sehr nachdenklich, traurig oder sogar niedergeschlagen ist. Jedoch schauen wir uns diesen Menschen gar nicht so genau an, als dass wir das feststellen könnten.

Lesen Sie sich die folgenden Körperhaltungen mit ihren passenden Emotionen genau durch und merken Sie sich, welche Körperhaltung auf welches Gefühl hindeutet.

Versuchen Sie, in Ihrem Alltag nicht nur auf Ihre eigenen Gefühle zu achten und diese zu deuten, sondern auch auf die Gefühle anderer.

Gehen Sie im Allgemeinen einfach achtsamer durch das Leben.

Wut: Wie sich die Körperhaltung bei einem wütenden Menschen verändert, wissen Sie ja bereits, da ich die Wut schon einige Male als Beispiel genommen habe. Um es jedoch noch einmal kurz zusammenzufassen: Der Körper spannt sich an, die Adern werden sichtbarer. Der Körper läuft rot an und die Hände werden zu Fäusten geballt. Das Gesicht ist ebenfalls sehr angespannt, die Augen weit aufgerissen und die Augenbrauen zusammengezogen. Eine wütende Person spricht lauter und deutlicher, teilweise sogar aggressiv.

Freude: Der Körper ist sehr aufrecht, die Schultern gerade. Ein Mensch, der sich freut, wirkt sehr energetisch auf seine Mitmenschen, manchmal sogar zappelig, unruhig und ungeduldig. Oft kann jemand, der sich freut, nicht stillsitzen und bewegt sich überdurchschnittlich viel. Die Augen sind groß und strahlen. Der Mund verzieht sich zu einem Lächeln oder sogar zu einem Lachen. Wenn ein sich freuender Mensch spricht, klingt das Gesagte oft sehr aufgeregt oder melodisch.

Angst: Bei großer Angst ist der Körper alles andere als aufrecht. Ganz im Gegenteil: Wer Angst hat, bei dem zieht sich alles zusammen. Der Mensch versucht, sich so klein und unsichtbar zu machen, wie nur möglich. Dabei bleibt er jedoch sehr angespannt, um für eventuelle Gefahren bestens vorbereitet zu sein. Die Augen sind weit aufgerissen und die Augenbrauen nach oben gezogen. Der Mund bildet eine gerade Linie oder zieht sich leicht nach unten. Wer Angst hat, ist oft sehr hektisch und schreckhaft, spricht schnell und manchmal sogar unverständlich und ist nicht zur Ruhe zu bringen.

Trauer: Ein trauriger Mensch nimmt ebenfalls keine aufrechte Haltung ein, sondern lässt die Schultern hängen und macht sich ganz klein. Im Gegensatz zu einer ängstlichen Person, ist eine traurige Person jedoch nicht angespannt und verkrampft. Alle Anspannung und Kraft ist ihr aus dem Körper gewichen. Sie lässt ihn hängen. Während jemand, der Angst hat, sehr schnelle Reaktionen zeigt und auf jeden kleinsten Reiz anspringt, schottet sich jemand, der traurig ist, oft komplett von der Außenwelt ab. Wenn man so eine Person anspricht, kann es schon auch eine Weile dauern, bis sie endlich reagiert. Und wenn sie dann endlich reagiert, dann ist diese Reaktion sehr langsam und so spricht eine traurige Person auch: langsam und monoton. Die Augenlieder fallen weiter zu als sonst, Ihr Blick ist dabei starr und leer und ihr Mund eine gerade Linie oder leicht nach unten gezogen.

Verzweiflung: Während ein trauriger Mensch sehr monoton, langsam und ausdruckslos erscheint, sieht das bei einem verzweifelten Menschen schon ein wenig anders aus. Dieser hat nämlich einen ziemlich ausdrucksstarken Blick und Ton. Es ist schwierig, den Blick einer verzweifelten Person zu beschreiben und doch kennt ihn jeder und kann ihn nachmachen. Die Augen sind groß, die Augenbrauen leicht nach oben und leicht zusammengezogen, die Lippen sind aufeinandergepresst. Wer verzweifelt ist, gestikuliert oft sehr viel und versucht seinen Mitmenschen, seine Situation zu schildern, um nach Hilfe zu suchen. Oft wechselt er zwischen einer angespannten Körperhaltung und einem tiefen Seufzer, der seine Anspannung komplett entweichen lässt.

Mitgefühl: Auch ein Mensch, der Mitgefühl zeigt, lässt sich schnell und leicht erkennen. Denn auch seine Mimik sagt sehr viel darüber aus, was in seinem Inneren vor sich geht. Wer eine Geschichte erzählt bekommt oder etwas sieht oder hört, das ihn mitfühlen lässt, der hat oft große, glasige Augen und zusammengezogene und leicht nach oben zeigenden Augenbrauen. Jemand, der in dem Moment ein starkes Mitgefühl verspürt, hält sich oft die Hand vor den Mund oder presst die Lippen aufeinander. Ein leichtes Kopfschütteln ist dabei auch häufig zu beobachten. Die Körperhaltung ist eher zurückgezogen, ruhig und entspannt.

Ekel: Bei kaum einem anderen Gefühl verändern sich die Mimik, die Gestik und die Körperhaltung so sehr, wie bei dem Gefühl von Ekel. Eine angeekelte Person verzieht ihr Gesicht zu einer Grimasse. Der Mund bildet eine komische Form, während die Mundwinkel meist nach unten zeigen, die Augen werden zusammengekniffen und die Nase nach oben gezogen. Manchmal streckt die betroffene Person sogar ihre Zunge raus und gibt angeekelte Geräusche von sich. Der Körper ist angespannt und zappelig. Die Person windet sich, als würde sie versuchen, aus ihrem Körper auszutreten. Das wird oft noch begleitet von einem Schauer, der der Person über den Rücken läuft. Worte wie „Ihhh, baaahh, eklig…", sind dabei natürlich auch nicht selten.

Übung: Beobachten Sie sich und Ihre Mitmenschen

Werden Sie achtsamer, was sich und Ihre Mitmenschen angeht. Versuchen Sie, die Mimik, die Gestik und die Körperhaltung der oben beschriebenen Emotionen zu verinnerlichen. Fallen Ihnen weitere Emotionen ein, denen Sie eine bestimmte Körperhaltung zuordnen können?

Wenn Ihnen zum Beispiel das nächste Mal jemand sagt: „Heute fühle ich mich irgendwie besonders gereizt", dann versuchen Sie herauszufinden, wie sich diese Person verhält, wie sie guckt, wie sie gestikuliert, wie sie redet und wie ihre Körperhaltung aussieht. Treffen all diese Punkte auf das Verhalten einer wütenden Person zu? Macht diese Person vielleicht sonst noch etwas Spezielles, das Ihnen bei wütenden Personen noch nie aufgefallen ist?

Beobachten Sie nicht nur Personen, von denen Sie wissen, dass sie in dem Moment eine bestimmte Emotion fühlen, sondern auch Menschen, bei denen Sie keinen blassen Schimmer haben, wie es ihnen geht. Am besten funktioniert das natürlich mit völlig fremden Menschen. Wenn Sie in der Stadt sind oder in der U-Bahn sitzen, dann schauen Sie sich doch verschiedene Menschen an und überlegen Sie sich, in welcher Gefühlslage sich diese Menschen momentan befinden könnten.

Machen Sie diese Übung aber auch mit Personen, die Sie bereits kennen. Diese können Sie nämlich nach Ihrer Beobachtung fragen, ob Sie richtig lagen und somit feststellen, wie gut Sie inzwischen darin sind, die Emotionen anderer Leute einzuschätzen und somit kommen Sie Ihrem Ziel, empathischer zu werden, näher.

Beobachten Sie auch sich selbst. Wie gucken, sprechen und gestikulieren Sie, wenn Sie zum Beispiel traurig oder glücklich sind. Schauen Sie sich im Spiegel an. Wie ist Ihre Körperhaltung und wie sehen Sie aus? Wie verhalten Sie sich anderen Menschen gegenüber? Gutes Beobachten ist eine wichtige Eigenschaft, um mehr Empathie zu erlangen.

Wie ging es Ihnen mit der Übung?
Was nehmen Sie aus diesem Kapitel mit?
Hier ist Platz für Gedanken/Notizen

....

....

....

....

....

....

....

....

....

....

....

Die Gründe für verschiedene Emotionen deuten, um empathischer zu werden

Eine gute Beobachtungsgabe ist zwar ein wichtiger Schritt zu mehr Empathie, aber natürlich längst noch nicht alles. Durch reines Beobachten kommen Sie Ihrem Ziel, empathischer zu werden, zwar näher, jedoch fehlt Ihnen noch ein weiterer, wichtiger Schritt.

Das folgende Beispiel verdeutlicht, dass reines Beobachten noch nicht ausreicht, um empathisch zu sein:

Person A trifft sich mit Person B. Dabei wirkt Person A irgendwie merkwürdig, Person B kann dieses Verhalten aber noch nicht so recht zuordnen. Person B fragt Person A jedoch nicht, ob und was denn los sei, weil sie denkt, dass Person A das schon von selbst sagen wird, wenn sie das möchte. Person B bleibt aber dennoch neugierig und versucht somit, die Körperhaltung und das Verhalten von Person A zu deuten und einer bestimmten Emotion zuzuordnen. Letztendlich kommt sie zu dem Schluss, dass Person A wohl traurig sein muss. Als Person B Person A fragt, ob diese Vermutung denn stimme, verneint Person A und versichert Person B, es sei alles in Ordnung.

Daraufhin wird Person B genervt und findet es blöd, dass Person A nicht mit der Sprache rausrückt. Weil Person A sowieso schon viel um die Ohren hat und deswegen einen Streit zwischen sich und Person B verhindern will, verrät sie Person B, sie sei tatsächlich traurig. Person B freut sich darüber, dass sie mit ihrer Behauptung richtig lag. Als Person A Person B erklärt, weshalb sie traurig ist, macht sich Person B darüber lustig, weil dieser Grund ihrer Meinung nach kein wirklicher Grund ist.

Anhand dieses Beispiels lässt sich gut verdeutlichen, dass das Beobachten zwar sehr wichtig, aber nicht das A und O ist. Sie können noch so gut darin sein, andere Menschen zu beobachten und ihre Emotionen zu deuten: Wenn Sie nicht erkennen, worum es bei der Sache eigentlich geht, dann ist das nichts wert und bringt weder Ihnen, noch Ihrem gegenüber irgendwas.
Person B hat so einige Fehler gemacht, die bewiesen haben, dass sie überhaupt nicht empathisch ist. Zuallererst machte sie das Beobachten ihres Gegenübers zu einem Spiel und freute sich darüber, dass sie richtig geraten hat. Außerdem reagierte sie genervt und somit überhaupt nicht empathisch, weil Person A ihr nicht sagen wollte, was mit ihr los ist. Wäre sie empathisch gewesen, hätte sie Verständnis gezeigt. Und natürlich hätte sie den Grund für die Trauer ernst genommen, anstatt sich über Person A lustig zu machen.

Sobald Sie also gelernt haben, Ihr Gegenüber zu beobachten, um seine möglichen Emotionen zu deuten, geht es darum, zu lernen, Verständnis für diese Emotionen aufzubringen. Das funktioniert am besten durch das richtige Hinterfragen.

Übung: Emotionen hinterfragen, um Verständnis aufzubringen

Wenn das nächste Mal jemand sehr gereizt ist und das auch an Ihnen auslässt, dann versuchen Sie, nicht genervt zu reagieren, sondern sich zu fragen, woran die Reaktion Ihres Gegenübers liegen könnte. Vielleicht haben Sie ja etwas gesagt, was diese Person verletzt hat. Vielleicht hat diese Person einfach einen schlechten Tag, so wie das auch bei Ihnen der Fall ist. Vielleicht ist etwas Schlimmes passiert und die Person verarbeitet dieses Erlebnis, in dem sie auf jeden Menschen um sich herum wütend ist.

Wenn Sie solche extremen emotionalen Reaktionen hinterfragen, dann lernen Sie nach und nach, dass jede Emotion irgendeinen Grund hat. Dadurch werden Sie mit der Zeit immer verständnisvoller und somit auch empathischer, vor allem bei negativen emotionalen Reaktionen.

Hinterfragen Sie nicht nur die emotionalen Reaktionen Ihrer Mitmenschen, sondern auch Ihre eigenen. In erster Linie sollten Sie nämlich immer erst sich selber gegenüber Empathie empfinden. Nur wer die Ursache kennt, kann etwas verändern. Wenn Sie oft wütend sind, dann nehmen Sie das nicht einfach so hin und stempeln sich als schnell aufbrausende Person ab, sondern fragen Sie sich, woher diese Wut kommt, üben Sie Verständnis dafür und werden Sie sich selbst gegenüber empathisch. Vielleicht können Sie nun ja etwas an der Situation ändern.

Bedenken Sie bei dieser Übung jedoch, stets vorsichtig mit dem Hinterfragen zu sein und anderen Menschen nichts zu unterstellen, was überhaupt nicht stimmt. Wenn Sie jemanden kennen, der ein schwer krankes Mitglied in der Familie hat, den sollten Sie zum Beispiel nicht das nächste Mal, wenn diese Person traurig ist, einfach fragen ob dieses Familienmitglied gestorben ist.
Stellen Sie also niemals falsche Behauptungen auf und erklären Sie sie für Tatsachen. Fragen Sie sich einfach, welche Gründe es für diese Trauer geben könnte. Nicht, um ein Urteil zu fällen und Detektiv zu spielen, sondern um sich bewusst zu machen, dass die Person schon ihre Gründe dafür haben wird, traurig zu sein und dass das vollkommen in Ordnung ist. So schaffen Sie es, verständnisvoller, rücksichtsvoller und natürlich letztendlich auch empathischer zu werden.

**Wie ging es Ihnen mit der Übung?
Was nehmen Sie aus diesem Kapitel mit?
Hier ist Platz für Gedanken/Notizen**

....

....

....

....

....

....

....

....

....

....

....

Empathie lernen

Bis jetzt ging es vor allem darum, zu verstehen, was Empathie genau ist, wie sie funktioniert und was Sie alles darüber wissen sollten, um selber lernen zu können, empathischer zu werden. Dank der kurzen Übungen am Ende jedes Kapitels, konnten Sie schon damit beginnen, ein wenig zu üben und Ihr Empathievermögen zu fördern. Von nun an geht es so richtig in die Praxis.
Ich zeige Ihnen, was genau Sie tun müssen, um Empathie zu lernen und führe Sie langsam aber sicher, Schritt für Schritt, zu Ihrem Ziel.

Wie kann man Empathie erlernen?

Bei den ganzen Übungen, die ich Ihnen bisher vorgestellt habe, ging es ja primär darum, Ihre Emotionen, Ihr Verhalten und Ihr Auftreten, genauso wie die Emotionen, das Verhalten und das Auftreten Ihrer Mitmenschen, ganz genau zu beobachten. Das bietet eine wichtige Grundlage, um zu lernen, empathischer zu werden.

Wer nicht beobachtet und total unaufmerksam durch die Welt geht, der wird die Gefühle seiner Mitmenschen gar nicht bemerken und erst recht nicht empathisch sein können.

Doch wie Sie ebenfalls gelernt haben, reicht das reine Beobachten leider noch nicht aus, um sich einen empathischen Menschen nennen zu können. Denn auch der beste Beobachter kann unglaublich schlecht darin sein, mit anderen mitzufühlen.

Deswegen ist der nächste Schritt, nachdem Sie das Beobachten geübt haben, die eigentliche Empathie zu lernen. Während Sie die Übungen für das Beobachten in den meisten Fällen nur für sich selbst gemacht und dafür nicht wirklich den direkten Kontakt zu anderen Menschen benötigt haben, lässt sich Empathie am besten mit diesem direkten Kontakt erlernen.

Es ist schließlich leichter, im direkten Austausch mit einem anderen Menschen zu lernen, empathischer zu werden, als das alleine in den eigenen vier Wänden zu tun. So können Sie sich zwar beibringen, mitfühlender mit sich selbst zu werden, aber nicht anderen Menschen gegenüber. Deswegen ist ein sozialer Kontakt dafür sehr wichtig.

Nehmen Sie sich also vor, von nun an bei jedem Gespräch, das Sie führen, zu versuchen, Mitgefühl zu zeigen. Dafür müssen Sie nicht darauf warten, dass Ihnen jemand weinend erzählt, dass er sich von seinem Partner getrennt hat oder dass er seinen Job verloren hat. Um Mitgefühl zeigen zu können, braucht es keine negativen Extremsituationen. Natürlich wird Ihre Empathie-Fähigkeit gerade in solchen Situationen am meisten gefragt sein. Zum Üben eignen sich einfache Alltagsgespräche jedoch sogar mehr. Sie wollen sich ja schließlich nicht direkt zu Beginn von den überwältigenden Gefühlen des anderen überfordern lassen.

Empathie beginnt mit ehrlichem Interesse.

Denn nur wer sich wirklich für sein Gegenüber interessiert, kann ihm auch Empathie zeigen, die von ganzem Herzen kommt. Wer nur so tut, als wäre er an seinem Gesprächspartner interessiert, der tut auch nur so, als wäre er empathisch.

Mit wahrem Mitgefühl hat das überhaupt nichts zu tun. Eine Formel dafür, für jemanden ehrliches Interesse zu entwickeln, gibt es leider nicht. Das ist aber auch überhaupt nicht schlimm. Schließlich müssen Sie sich ja auch nicht für jeden Menschen interessieren, der Ihnen über den Weg läuft. Üben Sie sich in der Empathie also am besten bei einem Menschen, für den Sie sich wirklich interessieren.

Versuchen Sie, die Person oder Personen, mit der / mit denen Sie gerne üben würden, bei Ihrem nächsten Gespräch wirklich zu verstehen. Legen Sie dabei Ihre eigenen verankerten Denkmuster und Meinungen ab und probieren Sie, so neutral wie möglich zu bleiben. Es geht in dem Gespräch schließlich nicht darum, *ob* Sie etwas gut oder schlecht finden, sondern darum, dass Sie versuchen, Ihr Gegenüber zu verstehen, *selbst wenn* Sie anderer Meinung sind. Vergleichen Sie also die Situation Ihres Gesprächspartners nicht mit Ihrer eigenen. Sie sind unterschiedliche Menschen mit genauso unterschiedlichen Vorstellungen vom Leben. Was für den einen richtig ist, kann für den anderen falsch sein.

Sobald Sie etwas inhaltlich nicht verstehen oder eine bestimmte Meinung Ihres Gegenübers nicht nachvollziehen können, dann fragen Sie nach.

Häufige Nachfragen führen zu genaueren Erklärungen, welche wiederum zu mehr Verständnis führen.

Und je verständnisvoller Sie sind, desto empathischer werden Sie auch. Nachfragen ist also das A und O, um mehr Empathie zu erlangen.

„Behandle die Menschen so, wie du selbst behandelt werden möchtest!"

Wenn es um Empathie geht, passt dieser Spruch natürlich perfekt. Wichtig dabei ist nur, ihn auch wirklich richtig anzuwenden. Sie dürfen diesen Spruch nicht auf einzelne, individuelle Situationen beziehen, sondern auf den allgemeinen Umgang mit Ihren Mitmenschen.

Während Sie zum Beispiel in den Arm genommen und getröstet werden wollen, wenn Sie traurig sind, fühlt sich ein anderer Mensch dabei möglicherweise unwohl und bevorzugt es, von seiner Trauer einfach abgelenkt zu werden, anstatt ihr durch den Trost noch mehr Aufmerksamkeit zu schenken. In diesem Fall wäre es also nicht empathisch, den anderen so zu behandeln, wie Sie selber gerne behandelt werden würden.

Wenn Sie diesen Spruch jedoch auf das große Ganze beziehen, ergibt er direkt schon viel mehr Sinn. Wie sollen andere Menschen ihr Mitgefühl bei Ihnen ausdrücken? Ich nehme an, Sie wünschen sich einen respektvollen Umgang, Verständnis für Ihre Situation und die Akzeptanz Ihrer Gefühle. Außerdem sollte Ihr Gegenüber bestimmt so unvoreingenommen und urteilsfrei wie nur irgendwie möglich in das Gespräch einsteigen. Und genau so sollten Sie sich auch anderen Menschen gegenüber verhalten.

Während Sie all diese Punkte beachten und von Mal zu Mal immer empathischer werden, sollten Sie sich auf jeden Fall vor Augen führen, dass *Mitgefühl nicht dasselbe ist wie Mitleid.*
Es geht nicht darum, das Leid der anderen Person zu spüren und die Last dieses Leids ständig mit sich herumzutragen, sondern Verständnis und Akzeptanz aufzubringen und für die andere Person dazusein. Wenn Sie das Leid Ihres Gegenübers ständig auf sich selbst übertragen, dann werden Sie irgendwann daran kaputtgehen. Sie haben sicherlich auch Ihr eigenes Päckchen zu tragen und das ist bestimmt schon schwer genug.

Machen Sie also auf keinen Fall die Probleme anderer Menschen zu Ihren eigenen. Natürlich können Sie Ihren Liebsten zur Seite stehen und ihnen dabei helfen, ihre Probleme zu lösen. Das sollte aber auf keinen Fall der Mittelpunkt Ihres Lebens sein. Denn an erster Stelle stehen immer Sie selbst. Erst wenn es Ihnen gut geht, können Sie anderen Menschen helfen.

Was nehmen Sie aus diesem Kapitel mit?
Hier ist Platz für Gedanken/Notizen

....

....

....

....

....

....

....

....

....

....

....

....

In 5 Schritten zu mehr Empathie

Das waren nun ziemlich viele Informationen auf einmal und somit auch viele Dinge, die Sie tun und beachten sollten, um empathischer zu werden. Damit Sie einen besseren Überblick über Ihren Weg zu mehr Empathie bekommen und sich Schritt für Schritt, langsam aber sicher, an Ihr Ziel herantasten können, folgen nun die fünf konkreten Schritte zu mehr Empathie.

Lassen Sie sich für jeden Schritt so viel Zeit, wie Sie möchten. Es bringt nichts, von Schritt 1 zu Schritt 2 zu springen, wenn Sie den ersten Schritt noch gar nicht beherrschen. Empathie zu lernen ist nicht einfach. Also hetzen Sie sich nicht und lassen Sie sich für diesen schwierigen Prozess ruhig alle Zeit der Welt.

Schritt 1: Beobachten Sie Ihre eigenen Gefühle und Verhaltensweisen

Wie Sie ja bereits wissen, ist der allererste Schritt zu mehr Empathie das Beobachten, Analysieren und Deuten verschiedener Emotionen und Verhaltensweisen. Bevor Sie das jedoch bei anderen Menschen machen, sollten Sie erst einmal bei sich selbst anfangen und sich dadurch ein bisschen besser kennenlernen. Ich habe Ihnen ja verschiedene Übungen vorgestellt, die Ihnen dabei helfen können. Diese fasse ich für Sie noch einmal kurz zusammen:

Übung 1: *Beobachtung der eigenen Wahrnehmung*: Bei dieser Übung ging es darum, sich verschiedene Menschen und Situationen vorzustellen und darauf zu achten, ob diese Menschen / Situationen in Ihnen bestimmte Emotionen hervorrufen oder Sie vollkommen kaltlassen.

Übung 2: *Gefühle bewusst zulassen*: Sie sollten sich täglich vornehmen, sich einen Moment Zeit zu nehmen und in sich hineinzuhören. Dabei sollten Sie darauf achten, welche Gefühle Sie verspüren, ohne darüber zu urteilen, sondern das Ganze einfach nur neutral zu beobachten.

Übung 3: *Emotionen gezielt hervorrufen*: Hier sollten Sie nicht einfach nur darauf achten, was Sie in dem Moment fühlen, sondern bestimmte Emotionen gezielt hervorrufen, um herauszufinden, wie Sie auf diese reagieren und mit ihnen umgehen.

Übung 4: *Achtsamkeit lernen und die eigenen Emotionen akzeptieren*: Diese Übung sollte Ihnen dabei helfen, zu erkennen, dass Gefühle keine Tatsachen sind und dass Sie sich nicht von ihnen beherrschen lassen sollten. Sie sollten versuchen, Gefühlsausbrüche in bestimmten Situationen zu verhindern und stattdessen in sich hineinzuhören und das Gefühl zu *fühlen*, anstatt zu dem Gefühl zu *werden*.

Übung 5: *Beobachten Sie sich und Ihre Mitmenschen*: Bei dieser Übung ging es darum, verschiedene Emotionen zu deuten. Welche Körperhaltung, Mimik und Gestik symbolisiert welches Gefühl? Wie verhalten Sie und Ihre Mitmenschen sich, wenn eine bestimmte Emotion auftritt?

Übung 6: *Emotionen hinterfragen, um Verständnis aufzubringen*: Mithilfe der letzten Übung sollen Sie mehr Verständnis für sich und Ihre Mitmenschen erlangen. Es ging darum, sich nicht über seine eigenen Reaktionen und die Reaktionen seiner Mitmenschen zu ärgern, sondern sich zu fragen, wieso es überhaupt zu einer bestimmten Reaktion kam, um sich und seinen Mitmenschen mehr Verständnis entgegenzubringen.

Einige dieser Übungen sind nur auf Sie selbst ausgelegt, andere beziehen andere Menschen mit ein. Fangen Sie mit den Übungen an, die sich wirklich nur auf Sie beziehen. Sie können natürlich auch die Übungen machen, bei denen es nicht nur darum geht, sich selber zu beobachten, sondern auch andere Menschen. Streichen Sie einfach erst einmal den Teil, bei dem es um das Beobachten anderer Menschen geht und konzentrieren Sie sich nur auf das Beobachten Ihrer eigenen Emotionen und Verhaltensweisen.

Wenn Ihnen alle sechs Übungen gefallen, dann können Sie natürlich auch alle machen. Sollte Ihnen irgendeine Übung überhaupt nicht zusagen, dann lassen Sie diese einfach weg.

Es soll ja schließlich auch Spaß machen, sich in mehr Empathie zu üben. Wenn Ihnen eine Übung gar keine Freude bereitet, dann besteht das Risiko, dass Sie nicht mehr lange motiviert bleiben und bald schon aufgeben werden.

Probieren Sie jede Übung mehrere Male aus, um herausfinden zu können, welche Ihnen gefällt und welche nicht.

Machen Sie nicht alle Übungen auf einmal, sondern suchen Sie sich für einen bestimmten Zeitraum eine Übung heraus, die Ihnen gefällt und machen Sie diese solange, bis Sie das Gefühl haben, sie ziemlich gut zu beherrschen. Fahren Sie anschließend mit der nächsten Übung fort. Sobald Sie das Gefühl haben, dass Sie alle von Ihnen gewählten Übungen gut beherrschen und über eine starke Beobachtungsgabe und Selbstreflexion verfügen, können Sie den nächsten Schritt wagen.

Schritt 2: Beobachten Sie die Gefühle und Verhaltensweisen Ihrer Mitmenschen
Diesmal suchen Sie sich nur Übungen oder Teile der Übungen heraus, die sich auf andere Menschen beziehen.
Das bedeutet, dass Sie Ihren Fokus bei Schritt 2 nun auf Ihre Mitmenschen legen. Auch hier sollten Sie zunächst alle Übungen ausprobieren, um herauszufinden, welche Ihnen gefallen und welche nicht. Wenn Ihnen beim ersten Schritt eine Übung in Bezug auf sich selbst zugesagt hat, dann kann Ihnen die gleiche Übung in Bezug auf andere Menschen möglicherweise nicht mehr zusagen. Filtern Sie also alles, was Ihnen nicht gefällt heraus und konzentrieren Sie sich umso mehr auf die Übungen, die Ihnen Freude bereiten.

Haben Sie nach einer bestimmten Zeit das Gefühl, die Emotionen Ihrer Mitmenschen gut deuten zu können und sich gut im Beobachten trainiert zu haben? Dann wird es nun höchste Zeit für den nächsten Schritt.

Schritt 3: Lernen Sie, mit sich selber empathischer umzugehen

Dieser Schritt ist unglaublich wichtig. Daher sollten Sie ihn auf keinen Fall weglassen. Wer nicht einmal sich selbst gegenüber Mitgefühl zeigen kann, der wird das erst recht nicht bei seinen Mitmenschen schaffen. Deswegen ist es wichtig, dass Sie Ihre Bedürfnisse kennenlernen und Verständnis und Mitgefühl dafür aufbringen. Auch hierfür ist es sinnvoll, immer wieder in sich hineinzuhören und darauf zu achten, was man in dem Moment wirklich will und braucht.

Gewöhnen Sie sich im dritten Schritt also an, immer wieder zu überprüfen, was in Ihrem Inneren vorgeht und wie Sie sich aktuell fühlen. Sie könnten sich zum Beispiel vornehmen, drei feste Zeitpunkte am Tag festzulegen, an denen Sie sich einen Moment Ruhe gönnen, Ihre Augen schließen und ganz genau darauf achten, was Sie gerade möchten. Stellen Sie sich selbst die Fragen, wie es Ihnen geht, ob Ihnen etwas fehlt oder ob Sie auf etwas Bestimmtes Lust haben. Sie können sich auch im Voraus einige Fragen überlegen, die Sie sich dann jedes Mal aufs Neue stellen.

Zeigen Sie Mitgefühl und gehen Sie auf Ihre Bedürfnisse ein. Ärgern Sie sich nicht darüber, wenn Sie gerade einfach keine Energie haben und ein Treffen mit Ihren Freunden absagen müssen, sondern akzeptieren Sie diese Tatsache und genießen Sie einen entspannten Abend zu Hause.

Versuchen Sie nicht, jedes Unwohlsein zu lösen, sondern hören Sie darauf, was Ihr Körper und Geist Ihnen versuchen mitzuteilen und gehen Sie Ihren Bedürfnissen nach. Nur wenn Sie Mitgefühl für sich selbst entwickeln, schaffen Sie das auch bei anderen. Wenn Sie sich zum Beispiel ständig darüber aufregen, dass Sie zu schwach sind und viel zu viel jammern, dann werden Sie das automatisch auch bei anderen Menschen machen. Zeigen Sie jedoch Verständnis und kümmern Sie sich um sich selbst, dann übertragen Sie auch das auf Ihre Mitmenschen.

Schritt 4: Lernen Sie, mit Ihren Mitmenschen empathischer umzugehen

Sobald Sie merken, dass Sie mit sich selber immer mehr im Reinen sind, können Sie einen Schritt weiter gehen. Beginnen Sie damit, nicht nur sich selbst gegenüber empathisch zu sein, sondern auch Ihren Mitmenschen gegenüber. Sie werden merken, dass das nach und nach bereits automatisch passieren wird, jedoch können Sie der Sache natürlich auch noch ein wenig nachhelfen und aktiv üben.

Wenden Sie dafür die Tipps aus dem letzten Kapitel an.

Gehen Sie dabei wie folgt vor:

1. Suchen Sie sich einen oder mehrere Gesprächspartner, mit denen Sie in nächster Zeit Ihre Empathiefähigkeit üben wollen. Diese Person/en sollen Sie wirklich aus tiefstem Herzen interessieren und sie sollten nicht einfach willkürlich gewählt werden.

2. Lernen Sie, Ihren Mitmenschen wirklich zuzuhören und das, was sie sagen, zu verstehen. Dabei spielt nicht Ihre eigene Meinung die Hauptrolle, sondern die Meinung Ihres Gegenübers. Drängen Sie Ihre Meinung dem Gesprächspartner also auf keinen Fall auf, sondern konzentrieren Sie sich wirklich nur auf das Zuhören.

3. Fragen Sie nach, wenn Sie etwas nicht verstehen oder nachvollziehen können. Verständnis ist der Schlüssel zu mehr Empathie. Dabei geht es nicht darum, ob Sie die Sache genauso sehen, sondern darum, den anderen mit seiner Weltsicht so zu akzeptieren, wie er ist.

4. Behandeln Sie den anderen so, wie Sie im Großen und Ganzen gerne selbst behandelt werden wollen. Das bezieht sich nicht auf einzelne Situationen, da jeder Mensch in jeder Situation anders und individuell behandelt werden möchte. Die Aussage bezieht sich auf das große Ganze, das jeder Mensch sich wünscht. Gehen Sie also verständnisvoll, respektvoll und liebevoll mit Ihrem Gesprächspartner um.

5. Mitgefühl ist nicht das Gleiche wie Mitleid. Lernen Sie, diese beiden Dinge voneinander zu unterscheiden. Es geht nicht darum, dass Sie das Leid des anderen ebenfalls spüren, sondern dass Sie mitfühlen und verstehen, wie es Ihrem Gegenüber geht. So können Sie am besten für diese Person da sein, ohne, dass es Ihnen schlecht dabei geht.

Wenden Sie diese fünf Punkte von nun an bei Ihren Interaktionen mit anderen Menschen an. Sie werden merken, dass Ihr Empathievermögen immer weiter wachsen wird und Sie immer mehr Menschen helfen werden.

Schritt 5: Eine kleine Herausforderung für die Profis: Lernen Sie, mit Menschen, die Sie nicht mögen, empathischer umzugehen

Der fünfte Schritt ist natürlich auch der Schwierigste von allen. Mitgefühl für Menschen zu empfinden, die Sie eigentlich gar nicht leiden können, klingt wie ein Widerspruch. Wieso sollte man für solche Menschen überhaupt Mitgefühl haben, wenn sie es doch gar nicht verdienen?

Bei der Entwicklung von Empathie für Menschen, die Sie nicht mögen, geht es nicht darum, diesen Menschen etwas Gutes zu tun, sondern sich selbst. Jemanden nicht zu mögen und ihm vielleicht sogar etwas Schlechtes zu wünschen, ist überhaupt kein gutes Gefühl. Wollen Sie wirklich, dass diese Person solche negativen Emotionen in Ihnen auslöst? Oder wollen Sie stattdessen lieber das schöne Gefühl von Mitgefühl in sich tragen?
Ich denke, dass eher Letzteres auf Sie zutreffen wird. Lassen Sie also nicht zu, dass jemand, den Sie nicht mögen, solche negativen Gefühle in Ihnen hervorruft und versuchen Sie stattdessen, Empathie für diese Person zu entwickeln. Das schaffen Sie am besten, wenn Sie die letzten vier Schritte noch einmal durchgehen, diesmal jedoch in Bezug auf diese Person.

Schritt 1: Was fühlen Sie, wenn Sie an besagte Person denken? Wieso kommen diese Gefühle auf? Sind sie überhaupt berechtigt? Wieso mögen Sie diese Person nicht? Was hat Sie Ihnen angetan? Hat Sie Ihnen überhaupt etwas getan? Ist diese Sache nicht schon so lange her, dass Sie langsam aber sicher damit abschließen könnten? Stellen Sie sich die verschiedensten Fragen und finden Sie heraus, was Sie fühlen.

Schritt 2: Denken Sie an die Person, die Sie nicht mögen. Gibt es Gründe, wieso sie sich so verhalten hat oder immer noch verhält, wie sie es tut? Hat sie es vielleicht gar nicht so böse gemeint, wie es bei Ihnen ankam? Hat sie vielleicht so sehr mit ihren eigenen Problemen zu kämpfen, dass sie keine Energie dafür hat, rücksichtsvoll und liebevoll mit Ihnen umzugehen oder sich bei Ihnen zu entschuldigen? Versuchen Sie, für diese Person Mitgefühl zu entwickeln und sie ein bisschen besser zu verstehen.
Das bedeutet nicht, dass Sie so mit sich umgehen lassen dürfen. Es heißt lediglich, dass Sie Ihre negativen Gefühle für diese Person hinter sich lassen sollen.

Schritt 3: Selbstempathie führt, wie Sie ja wissen, dazu, dass Sie auch anderen gegenüber empathischer werden, auch den Menschen, die Sie gar nicht mögen.

Schritt 4: Wenn Sie noch Kontakt zu der besagten Person haben, dann versuchen Sie, die Punkte des vierten Schrittes in den Gesprächen mit dieser Person zu berücksichtigen. Das wird anfangs gar nicht so leicht sein, mit der Zeit werden Sie es aber mit Sicherheit schaffen, empathischer mit der Person umzugehen und damit nicht nur ihr, sondern vor allem auch sich selber etwas Gutes zu tun.

Sollten Sie es nun bis hierhin geschafft haben, sind Sie auf einem tollen Weg zu mehr Empathie.

Als sehr empathischer Mensch würde ich mich sehr freuen von Ihren Geschichten mit dem Ratgeber zu hören.

Gerne dürfen Sie mich unter
empathielernen@gmail.com
kontaktieren.

Und sehr freuen würde ich mich natürlich auch, wenn Sie ihre positiven Erfahrungen mit Ihrem Umfeld teilen und dieses Buch weiterempfehlen. Mit einer guten Bewertung würden Sie dafür sorgen, dass noch mehr Menschen empathischer werden. Aber nur wenn es Ihnen bisher gefallen hat ;-)

Empathie lernen

**Wie ist es Ihnen mit den Übungen gegangen?
Was nehmen Sie aus diesem Kapitel mit?
Hier ist Platz für Gedanken/Notizen**

....

....

....

....

....

....

....

....

....

....

....

Lebensbereiche, in denen Sie Empathie gezielt einsetzen können

Empathie lernen – wozu das Ganze? Natürlich kann ich nicht für jeden Menschen sprechen. Meiner Meinung nach ist es aber schon sehr sinnvoll, zu lernen, etwas empathischer zu werden. Vielleicht sind Sie ja noch nicht so ganz überzeugt davon, weil Sie glauben, dass Sie damit ja nur anderen Menschen einen Gefallen tun, selber aber nicht davon profitieren, Ihren Mitmenschen gegenüber mitfühlend zu sein, weil Sie sich ihnen öffnen und verletzbar machen.
Auch wenn es im ersten Moment nicht so scheinen mag, tun Sie durch mehr Empathie in erster Linie sich selbst etwas Gutes. Denn wie Sie ja gelernt haben, müssen Sie erst lernen, mit sich selbst empathisch umzugehen, bevor Sie das bei Ihren Mitmenschen schaffen können.

Sie kommen also nicht drum herum, sich mit sich selbst auseinanderzusetzen und sich nach und nach mehr lieben und akzeptieren zu lernen. Doch das ist nicht der einzige Vorteil, der Ihnen mehr Empathie in Ihrem Leben bringt.

Es gibt drei große Lebensbereiche, in denen Sie Ihre erlernte Empathie gezielt einsetzen können, um sich bestimmte Vorteile zu verschaffen. Das klingt zwar im ersten Moment so, als ginge es dabei darum, andere Menschen auszunutzen, um selber davon zu profitieren, doch so soll das überhaupt nicht gemeint sein.

Ehrliche und authentische Empathie hilft Ihrem Gegenüber nämlich genauso sehr wie Ihnen und es ist keineswegs ein Ausnutzen, seinen Mitmenschen gegenüber Mitgefühl zu zeigen. Damit Sie besser verstehen können, worüber ich hier eigentlich spreche, stelle ich Ihnen nun die drei erwähnten Bereiche vor.

1. Bereich: Ihr privates Leben:

Je empathischer Sie in Ihrem privaten Leben sind, desto stressfreier wird dieses sein und desto mehr werden Sie es lieben lernen. In erster Linie geht es, wie ich ja bereits erwähnt habe, darum, mit sich selbst empathisch umzugehen. Doch das ist längst noch nicht alles. Zu Ihrem Privatleben gehören ja schließlich nicht nur Sie allein.

Was bringt es Ihnen, sich selbst gegenüber Mitgefühl und Verständnis aufzubringen, wenn Sie sich ansonsten über jede Kleinigkeit aufregen und überhaupt nicht mitfühlend sind. Wenn Sie so handeln, dann tun Sie nicht nur Ihrem Gegenüber etwas Schlechtes, sondern auch sich selbst. Negative, verständnislose Gefühle tun schließlich niemandem gut. Das ist es auch, was ich gemeint habe, als ich sagte, dass Empathie Ihnen Vorteile verschafft, ohne Ihr Gegenüber auszunutzen. Ganz im Gegenteil. Jeder profitiert von Empathie.

Übung: Nehmen Sie sich vor, gelassener in Ihrem Alltag zu sein. Versuchen Sie sich nicht mehr über Dinge aufzuregen, über die Sie sich sonst immer aufgeregt haben. Das kann Ihr WG-Mitbewohner sein, der schon wieder die Wäsche nicht gemacht hat (vielleicht hatte er ja gute Gründe dafür) oder irgendeine Ihrer Meinung nach dumme Werbung im TV (Die Macher haben wohl nicht damit gerechnet, dass die Worte, die in dieser Werbung verwendet werden, andere Leute stören oder sogar verletzen könnten) läuft.

Natürlich werden die Macher der Werbung weder mitbekommen, dass Sie sich über diese Werbung aufgeregt haben, noch dass Sie sich letztendlich dazu entscheiden haben, wenigstens zu versuchen, sie zu verstehen und ein wenig Empathie zu zeigen. Doch das macht auch überhaupt nichts. Im Fokus steht dabei nämlich Ihre Gefühlslage. Und es ist ja schließlich besser für Sie, wenn Sie ein positives Gefühl wie Empathie fühlen, anstatt ein negatives wie Wut.

Lassen Sie sich von Alltagsproblemen nicht Ihre Laune und den Spaß am Leben nehmen und versuchen Sie, mehr Mitgefühl zu zeigen. Nichts passiert nämlich ohne Grund.

2. Bereich: Die Beziehung zu Ihren Mitmenschen:

In Ihrem privaten Leben soll es darum gehen, sich mithilfe von ausreichend Empathie, so gelassen und stressfrei wie nur irgendwie möglich zu verhalten. Das hilft nicht nur Ihren Mitmenschen, sondern auch Ihnen durch Ihr Mitgefühl. Mit Ihrem privaten Leben meine ich übrigens den Teil Ihres Lebens, der wirklich nur Sie betrifft. Natürlich fallen viele zwischenmenschliche Beziehungen ebenfalls in Ihr privates Leben, dennoch ist das ein ganz spezieller Teil davon, der Sie nicht Tag und Nacht begleitet, da Sie ja nicht ununterbrochen unter Menschen sind.

Lernen Sie also, stets mitfühlend zu den Menschen zu sein, die Ihnen am Herzen liegen. Wahrscheinlich werden Sie das die meiste Zeit schon tun. Schließlich sind Ihnen diese Menschen und ihr Wohlergehen ja sehr wichtig. Doch wie sieht es in Streitsituationen aus? Versuchen Sie da auch, verständnisvoll und mitfühlend zu sein? Wahrscheinlich eher nicht. Wie zu Beginn dieses Kapitels bereits erwähnt, wollen wir aus Gründen des Selbstschutzes in bestimmten Situationen oder zu bestimmten Menschen nicht empathisch sein. Wir haben Angst, uns zu öffnen, diese Gefühle zuzulassen und uns somit verletzbar zu machen.

Was, wenn ich Ihnen aber sage, dass es genau andersherum ist? Wenn Sie auf jemanden sauer sind, dann machen Sie sich verletzbar. Beziehungsweise, sind Sie sauer, weil Sie verletzt wurden. Wenn Sie aber Mitgefühl zeigen und versuchen, zu verstehen, wieso die Person, die Sie verletzt hat, so gehandelt hat, wie sie gehandelt hat, dann werden Sie das Ganze viel besser nachvollziehen können und im besten Fall sogar gar nicht mehr verletzt sein.
Mehr Empathie schützt Sie also sogar davor, verletzt zu werden. Zudem hilft sie Ihrem Gegenüber und Ihnen, sich auf positive, hoffnungsvolle Gefühle zu konzentrieren und die Beziehung zu festigen.

Wer mitfühlend ist, der kann sich besser in sein Gegenüber hineinversetzen und fühlt sich mit ihm noch mehr verbunden. Wer Mitgefühl erhält, der baut immer mehr Vertrauen zu der Person auf und fühlt sich ihr ebenfalls verbundener.

Übung: Versuchen Sie, auch in unangenehmen Streitsituationen empathisch zu sein. Fragen Sie sich, wieso Ihr Gegenüber so reagiert haben könnte. Versetzen Sie sich in diese Person hinein und seien Sie offen für ihre Sicht der Dinge. Hören Sie ihr zu und fragen Sie sie, wieso sie so gehandelt hat. Bauen Sie dadurch eine tiefere Bindung zu dieser Person auf.

3. Bereich: Ihr Berufsleben:

Wir haben gelernt, dass wir in unserem Berufsleben so professionell wie möglich rüberkommen müssen und bloß keine Gefühle zulassen dürfen. Niemand sagt was, wenn ihm etwas nicht passt und jeder frisst alle Sorgen und Probleme in sich hinein.

Kein Wunder, dass es auf vielen Arbeitsplätzen solche Anspannungen gibt. Wir Menschen sind keine Roboter, die ihre Gefühle einfach abstellen können. Irgendwann müssen all die aufgestauten Gefühle also auch wieder raus und dann eskaliert die Situation komplett. Dabei könnte man das Ganze auch anders regeln, indem man Gefühle zulässt und seinen Kollegen, genauso wie seinem Chef gegenüber, Mitgefühl zeigt.

Natürlich wäre es am besten, wenn dieses Verhalten auf Gegenseitigkeit beruhen und am Arbeitsplatz jeder empathisch miteinander umgehen würde. Leider können Sie aber nicht beeinflussen, wie andere Menschen sich verhalten. Was Sie aber auf alle Fälle können, ist Ihr eigenes Verhalten zu steuern. Und das ist schon ein sehr guter Ansatz.

Doch nicht nur Ihren Kollegen und Ihrem Chef gegenüber sollten Sie Mitgefühl zeigen. Wenn Sie mit anderen Menschen arbeiten, dann ist Empathie sowieso das A und O. Ihre Kunden / Patienten werden sich so nämlich ernstgenommen und verstanden fühlen und sich am liebsten immer an Sie wenden. Mithilfe von Empathie erhöhen Sie also auch Ihren beruflichen Erfolg und nicht nur das reibungslose Miteinander zwischen Ihnen und Ihren Mitarbeitern.

Übung: Versuchen Sie, auch in Ihrem Arbeitsleben entspannter und offener zu werden. Wenn Sie etwas stört, dann sprechen Sie es lieber sofort an, damit die Situation nicht irgendwann eskaliert. Wenn Sie einer Ihrer Kollegen wieder nervt, dann versuchen Sie, sich in diesen Menschen hineinzuversetzen und sich zu fragen, welche Gründe es für sein Verhalten geben könnte (nur spekulieren, um empathischer zu werden, aber auf keinen Fall urteilen und falsche Schlüsse ziehen!).

Natürlich wird es Ihnen nicht so leichtfallen, Ihren Mitarbeitern gegenüber so empathisch zu sein wie Ihren Freunden und Familienmitgliedern. Nach und nach werden Sie das aber lernen. Lassen Sie sich Zeit und werden Sie immer mitfühlender.

**Wie ging es Ihnen mit den Übungen?
Was nehmen Sie aus diesem Kapitel mit?
Hier ist Platz für Gedanken/Notizen**

....

....

....

....

....

....

....

....

....

....

....

Anderen Menschen Empathie beibringen

Wenn Sie es geschafft haben, mehr und mehr Empathie zu entwickeln, dann hört Ihre Reise damit nicht auf. Wenn Sie wissen, wie Sie es schaffen können, empathischer zu werden, dann können Sie diese Fähigkeit nun auch Ihren Mitmenschen beibringen. Wie im letzten Kapitel erwähnt, wäre es für alle Beteiligten das Beste, wenn jeder Mensch Empathie zeigen würde. Es gäbe viel weniger Gewalt auf dieser Welt und wir würden alle in Frieden leben.

Leider können Sie die Gefühle und das Handeln anderer Menschen jedoch nicht direkt beeinflussen. Sie können jemand anderem nicht vorschreiben, von jetzt auf gleich plötzlich empathischer zu werden. Das steht nicht in Ihrer Macht.

Was aber zum Glück auf jeden Fall in Ihrer Macht steht ist, dass Sie sich anderen Menschen mitteilen. Auch wenn Sie also andere nicht dazu zwingen können, empathisch zu werden, können Sie versuchen, diesen Menschen näherzulegen, wie toll es ist, empathisch zu sein und ihnen die Empathie vielleicht sogar beibringen.

Stellen Sie sich jedoch darauf ein, dass das mit Sicherheit nicht bei jedem Menschen funktionieren wird. Gehen Sie also nicht mit hohen Erwartungen an die ganze Sache heran & seien Sie nicht so streng zu sich selbst.

Manche Menschen sind so gefühlskalt, dass die Aussichten auf mehr Mitgefühl in der Zukunft nicht so gut sind. Ein Mensch ist ja schließlich nicht umsonst total empathielos. Es kann verschiedene Gründe dafür geben, wieso jemand kein Mitgefühl empfinden kann. Zum Beispiel kann es daran liegen, dass er in seiner Vergangenheit sehr verletzt wurde. Vielleicht wurde diese Person vor einem Jahr von ihrem Partner betrogen und ist danach gefühlskälter geworden. So jemand hat gute Chancen, wieder zu heilen und empathischer zu werden.

Vielleicht war diese Person aber auch schon ihr Leben lang empathielos, weil sie eine schwierige Kindheit hatte, mit gefühlskalten Eltern und vielleicht sogar Misshandlung. Für so jemanden wird es schwierig und vielleicht sogar unmöglich sein, Empathie zu entwickeln, da diese Person überhaupt nicht weiß, wie Empathie sich anfühlt und das wahrscheinlich auch gar nicht wissen will.
Sollten Sie es also nicht schaffen, jemanden zu mehr Mitgefühl zu bewegen, dann ist das nicht Ihre Schuld. Die betroffene Person muss das selber wollen, damit es funktioniert. Und selbst dann kann es sein, dass sie es einfach nicht schaffen wird, empathischer zu werden.

So können Sie konkret versuchen, Ihren Mitmenschen Empathie beizubringen:
Seien und handeln Sie selbst empathisch. Menschen lernen am besten und am liebsten durch Zusehen. Versuchen Sie auf keinen Fall, Ihren Mitmenschen Ihre Meinung aufzudrängen. Wenn Sie jemandem vorschlagen, ihm beizubringen, empathischer zu werden, wird das sehr wahrscheinlich nicht so gut ankommen und Ihr Gegenüber vielleicht sogar verletzen. Niemand will von jemandem gesagt bekommen, er sei nicht empathisch genug (das wäre auch nicht sonderlich empathisch).
Wenn die Person Sie von alleine auf dieses Thema anspricht und Sie fragt, wie Sie es geschafft haben, so empathisch zu werden, dann können Sie ihr natürlich auch mit den konkreten Tipps helfen, die Sie in diesem Ratgeber gelernt haben. Ansonsten sollten Sie aber einfach ein gutes Vorbild sein und Ihren Mitmenschen zeigen, wie gut es Ihnen geht, seit Sie gelernt haben, mehr Mitgefühl zu zeigen. Wenn sich Ihr Gegenüber dann dafür interessiert, wie Sie das geschafft haben, dann dürfen Sie ruhig konkreter werden und auch fragen, ob Ihr Gegenüber das auch gerne lernen würde. Ansonsten sollten Sie sich aber niemals aufdrängen, denn sonst erreichen Sie das Gegenteil von dem, was Sie eigentlich erreichen wollten. Natürlich könnten Sie ihm auch einfach diesen Ratgeber zukommen lassen.

Bonuskapitel 1: Führungskräfte, die Mitarbeitern Empathie lehren

Ich habe Ihnen ja erklärt, wieso es für jeden Beteiligten so kontraproduktiv ist, auf der Arbeit keine Gefühle zu zeigen, so professionell wie nur irgendwie möglich erscheinen zu wollen und nicht empathisch zu sein.
Auch wenn das in vielen Unternehmen trotzdem immer noch Gang und Gäbe zu sein scheint, haben einige Führungskräfte auch schon verstanden, dass nicht nur ein respektvoller Umgang miteinander unglaublich wichtig ist, sondern auch ein empathischer Umgang. Das Entwickeln von Empathie am Arbeitsplatz fängt bereits bei der Führungskraft selbst an.

Ihnen ist sicherlich auch schon aufgefallen, dass die meisten Angestellten motivierter und effektiver arbeiten, wenn sie einen empathischen Chef haben. Vielleicht haben Sie das ja festgestellt, weil Sie in Ihrem Leben bereits mehrere Arbeitsstellen hatten, die Sie miteinander vergleichen konnten.

Vielleicht wissen Sie das auch, weil Sie selber keinen empathischen Chef haben und Ihnen die Arbeit keinen Spaß macht, während Ihr bester Freund / Ihre beste Freundin mit seinem / ihrem sehr empathischen Chef super zufrieden ist und bei der Arbeit total aufblüht.

So oder so ist es als Führungskraft unglaublich wichtig empathisch zu sein und allen Mitarbeitern zu versichern, dass ihre Probleme gehört werden. Der Chef hat eine große Vorbildfunktion. Wenn dieser also empathisch ist, bringt er seinen Mitarbeitern automatisch auch bei, empathisch miteinander und mit den Kunden / Patienten usw. umzugehen. Und je mitfühlender jeder mit jedem umgeht, desto besser ist die Stimmung am Arbeitsplatz, desto motivierter sind alle Mitarbeiter und desto erfolgreicher wird das Unternehmen. Es entsteht also eine positive Kettenreaktion, die für jeden Beteiligten von Vorteil ist.
Wenn auch Sie also eine Führungskraft sind und bisher dachten, es sei wichtig, professionell und streng rüberzukommen, damit Ihre Mitarbeiter Sie ernst nehmen und das tun, was Sie wollen, dann sollten Sie diese Einstellung vielleicht überdenken, um sich, Ihren Mitarbeitern und Ihrem Unternehmen etwas Gutes zu tun.
Übrigens schließt Empathie Professionalität nicht aus. Sie können empathisch und professionell zugleich sein und weiterhin als Respektperson angesehen werden.

Bonuskapitel 2:
Eltern, die Kindern
Empathie lehren

Seinen Kindern gegenüber empathisch zu sein, ist noch viel wichtiger, als im eigenen Betrieb bei seinen Mitarbeitern Empathie zu schaffen. Denn im Arbeitsleben steht „nur" Ihr Unternehmen auf dem Spiel, im privaten Leben geht es jedoch um Ihr eigenes Kind.

Ich habe ja bereits erläutert, wozu es führen kann, wenn jemand in seiner Kindheit keine Empathie erfährt.

Wenn ein Kind von seinen Eltern nie Mitgefühl bekommt, dann wird es auch nie lernen, selber Mitgefühl zu entwickeln. Jeder Mensch lernt am besten durch das Zusehen und Nachmachen. Bei Kindern ist das Ganze jedoch noch viel extremer. Sie schauen Ihren Eltern beim Handeln zu und lernen alles, was diese tun.

Wenn ein Kind in seiner Kindheit keine Liebe und Empathie bekommt, dann kann das nicht nur dazu führen, dass es später auch nicht in der Lage sein wird, anderen Menschen Liebe und Empathie zu schenken.

Das ist sogar noch eine der „harmloseren“ Folgen. Schwerere Folgen könnten zum Beispiel diverse psychische Störungen sein. Beispielsweise die narzisstische Persönlichkeitsstörung, die ich Ihnen ja bereits vorgestellt habe.

Auch die dependente Persönlichkeitsstörung, bei der der Betroffene sich an sein Gegenüber klammert, stets nach Liebe bettelt und Angst hat, verlassen zu werden, kann entstehen. Die Angst, genauso enttäuscht zu werden, wie in der Kindheit, nimmt überhand.
Genauso können aber auch Bindungsängste entstehen, weil der Betroffene Angst hat, erneut auf einen Menschen zu treffen, der ihn gar nicht liebt. Dabei sind innige Bindungen für ein glückliches Leben extrem wichtig.

Die Folgen von nicht empathischen Eltern sind also fatal. Auch hier ist es also unglaublich wichtig, immer ein offenes Ohr für sein Kind zu haben. Und auch diesmal gilt: Nur weil Sie Ihrem Kind gegenüber empathisch sind, bedeutet das nicht, dass Sie Ihre Autorität verlieren. Ganz im Gegenteil: Das Kind sieht in Ihnen dadurch nur noch ein viel größeres Vorbild und weiß, dass es sich immer auf Sie verlassen und mit seinen Problemen zu Ihnen kommen kann. Außerdem entwickelt es so automatisch auch Empathie.

Empathie lernen

Werden Sie empathisch!

Empathie ist eine sehr bewundernswerte und wichtige Eigenschaft, um zu lernen, mit sich selber und mit seinen Mitmenschen besser klarzukommen. Sie hilft einem dabei, verständnisvoller zu werden und andere Menschen nicht zu verurteilen. Wer empathisch ist, regt sich über weniger Dinge auf. Stattdessen hinterfragt er alles und weiß, dass es für jedes Verhalten einen Grund gibt.

Empathische Menschen helfen nicht nur sich selber dabei, sich besser verstehen zu können und lieben zu lernen, sondern sind noch dazu für andere Menschen da. Mitgefühl führt dazu, dass die Person, die dieses ausstrahlt, genauso wie die Person, die dieses erhält, glücklicher wird.

Ich hoffe, dass dieser Ratgeber Ihnen dabei helfen wird, nach und nach immer empathischer zu werden, um dieses Glück irgendwann erreichen zu können. Warten Sie nicht zu lange, sondern beginnen Sie damit, die Übungen, die ich Ihnen vorgestellt habe, in die Tat umzusetzen. Das Leben ist zu kurz, um empathie- und verständnislos und unglücklich durch die Welt zu gehen.

Also nehmen Sie die Sache in die Hand und tun Sie sich und Ihren Mitmenschen etwas Gutes. Verbessern Sie Ihr privates Leben, Ihre zwischenmenschlichen Beziehungen und Ihr Berufsleben, in dem Sie lernen, empathischer zu werden. Hetzen Sie sich nicht und gehen Sie jeden einzelnen Schritt in Ihrem eigenen Tempo. Sie werden merken, dass es sich auf jeden Fall lohnen wird.

Werden Sie Empathie-Botschafter. Sie könnten ja als ersten Schritt dieses Buch an ihr weniger empathisches Umfeld empfehlen, ich würde mich sehr darüber freuen.

Ich wünsche Ihnen viel Spaß, Freude und Erfolg auf Ihrem Weg zu mehr Empathie!

Ihr
J. M. Moser

empathielernen@gmail.com

Hier ist Platz noch Platz für Ihre Gedanken & Notizen. Was nehmen Sie aus dem Buch mit?

....

....

....

....

....

....

....

....

....

....

....

....